Daniel von Allmen

Die Ohnmacht des Allmächtigen und die Macht der Machtlosen

Daniel von Allmen

Die Ohnmacht des Allmächtigen und die Macht der Machtlosen

Biblische Besinnungen und Bildmeditationen

Fromm Verlag

Imprint

Cover image: www.ingimage.com

Publisher:
Fromm Verlag
is a trademark of
Dodo Books Indian Ocean Ltd., member of the OmniScriptum S.R.L Publishing group
str. A.Russo 15, of. 61, Chisinau-2068, Republic of Moldova Europe
Printed at: see last page
ISBN: 978-613-8-37435-0

Inhaltsverzeichnis

Dem ungeteilten Gott – ungeteilten Gottesdienst

5. Mose 6,4-5

“Höre Israel.”
So fängt heute noch das tägliche Glaubensbekenntnis
der jüdischen Gemeinde an.
“Der Herr, unser Gott ist ein Herr.”

Das ist wohl auch unser Bekenntnis: es gibt nur einen Gott.
Ist das aber eine abstrakte Wahrheit oder der Grund unseres Lebens?
Wenn es um blosse “Dogmatik” geht,
versteht sich der Satz von der Einigkeit Gottes von selbst.
Niemals fiele uns ein zu proklamieren, dass wir mehrere Götter haben.
Wir sind keine Polytheisten. Das klingt “heidnisch” - unterentwickelt.
Wir sind Monotheisten - wie die Anhänger aller “grossen” Religionen.

Es geht hier aber um mehr als um die “dogmatische Formulierung”
unseres Glaubens an den einen Gott.
Denn Glaube will nicht nur in Worten, sondern auch in Taten
seinen Ausdruck finden.
Und wenn diese beiden Ausdrucksweisen sich nicht decken,
dann ist wohl unser Glaube selbst fragwürdig.
“Der eine Gott.”
Das ist vor allem der Grund unserer Freiheit.
Gott schenkt uns schon dadurch Freiheit, dass er sich als
der Eine erweist.
Wir gehören nicht vielen Herren.

Es gibt wohl nichts Schlimmeres als geteilte Zugehörigkeit:
"Niemand kann zwei Herren dienen" (Matth. 6,24).
Wie das Volk Israel durch Mose in der Wüste,
so sind wir durch Jesus Christus von allen "Herren" und Göttern befreit
zum Dienst des einen Gottes, von dem alles kommt:
Schöpfung und Befreiung.

Deshalb gibt es auch nichts Schlimmeres als geteilten Gehorsam.
Wir wissen es aus eigener Erfahrung.
Wie oft sehen die Situationen, in denen wir leben, so komplizert aus,
dass wir uns mit Kompromissen helfen müssen.
Eben das ist geteilter Gehorsam des Menschen,
der hin- und hergezogen wird zwischen
scheinbar gegensätzlichen Forderungen.
Nun aber gilt der Satz:
"Der Herr, unser Gott, ist ein Herr."
Es ist kein Gebot. Es ist das grosse Angebot – die "Gute Nachricht" -
und wir müssen nicht, sondern wir dürfen ihn als den Herrn erfahren,
auch in unserer Suche nach dem Richtigen
in einer Welt voller Gegensätze.
Ihm allein gilt unsere Liebe,
und all unser Tun versteht sich als Ausdruck dieses einen Gehorsams
und dieser einen Liebe.

Daher dann der zweite Satz in diesem Text:
"Und du sollst den Herrn deinen Gott, lieben von ganzem Herzen..."
Befreiung zum Dienst des einen Herrn

schafft in unserem Leben Einheit und nicht Zerrissenheit.

Als es in der Wüste unter Gottes Führung stand, war es dem Volk Israel relativ einfach, diesem einen Gott zu gehören - und zu gehorchen: es war ganz und gar auf Gottes Führung angewiesen.
Schwieriger wurde es "im Lande, das von Milch und Honig fliesst".
Denn wir lieben, was wir besitzen. Wir lassen uns daran binden.
Unser Verhalten wird nicht mehr nur von der Bindung an Gott bestimmt, sondern von allerhand Rücksichten auf das, was wir haben und nicht mehr verlieren wollen.
Wir sind dann von unserem "Besitz" besessen.
Und schon sind wir in unserem Gehorsam nicht mehr ungeteilt.
Wir können aber nicht ständig in Spannungen leben, und wir haben einen Trick gefunden, mit diesen vielerlei Zugehörigkeiten auszukommen.
Wir haben keine ausdrücklich polytheistische Lösung gewählt - denn wir leben nicht mehr im Altertum, da man jeden Lebensbereich einem anders genannten Gott zuteilte.
Spezialgötter haben wir nicht mehr; Spezialbereiche aber immer noch mit ihrer jeweiligen "Eigengesetzlichkeit".
Einerseits das persönliche Heil (oder "Heil der Seele"):
der Bereich Gottes;
Und andererseits eben andere Bereiche,
wie Wirtschaft, Wissenschaft, Gesellschaft, Politik;
sie haben oft unter sich nichts mehr miteinander gemeinsam,
denn jeder hat eigene "Normen", und erst recht hat Gottes Gesetz

in diesen Bereichen nichts mehr zu suchen.
Das befriedigt uns zwar nicht ganz, aber am Sonntag gehen wir in die Kirche und finden Beruhigung darin, dass wir Gott dort eben "das Seine" (den Gottesdienst) geben.
Dabei erwarten wir noch, dass er (Gott) uns vergibt, wenn wir es in der Woche an Treue fehlen liessen:
Das Heil unserer Seele (Gottes Bereich) wird zur Seelenruhe für Leute mit schlechtem Gewissen degradiert.

"...ein Herr... von ganzem Herzen..."
Wenn Gott in Jesus Christus "unser Heiland" ist:
Das heisst, wenn er uns befreit, dann eint er uns auch.
Er schafft Einheit, und zwar nicht nur unter uns (Menschen und Kirchen), sondern vor allem in uns.
Er macht unser Leben zu einem einzigen Bereich, dessen Herr er ist.
Er macht unser ganzes Verhalten zu einem Gehorsam aus Liebe zu ihm allein;
denn ihm gehören wir und alles, was unser Leben ausmacht.

Dann gibt es nicht einerseits den "Gottesdienst" (etwa eine Stunde in der Woche in einem "geheiligten" Raum) und andererseits das "profane" Leben.
Denn das ganze Leben wird zum Gottesdienst, und wir haben zu suchen, wie wir dieses Leben in Wirtschaft, Wissenschaft, Gesellschaft und Politik als Dienst aus der Liebe zu Gott gestalten können.
Dazu braucht es ja auch unsere vereinten Kräfte und Einsichten.

Auch dazu will Gott uns zur Einheit befreien.

Nicht von Ungefähr steht hier ein “wir”.

Denn jeder für sich allein ist hilf- und machtlos.

Aber im Volk der von Gott Befreiten ist eigentlich niemand mehr allein.

Zusammen sind wir zu diesem Dienst befreit, und erst dann, wenn wir unsere Kräfte vereinen, wird auch unser Dienst Aussicht haben, ungeteilten Dienst des einen Gottes zu sein.

Erschienen in ***Leben und Glauben****, Evangelisches Wochenblatt, 25. Januar 1975, S. 5. (Als Vorbereitung zum Thema der OeRK Vollversammlung, Nairobi 1975: “Jesus Christus befreit und eint”.)*

Das Goldene Kalb

Oder

"Hier ist dein Gott, Israel"

Predigt-Gedanken zum Text des Sonntags Rogate 1995

2. Mose 32,7-14 (Erschienen in einem Arbeitsheft des EMW – Evangelisches Missionswerk in Deutschland - "Was glaubst du denn?")

Wüstenerfahrungen

Auf die Wüstenwanderung ist Israels Glaube an den Gott, der sein Volk befreit und in das verheissene Land geführt hat, zurückzuführen. In der Zeit der Wüste offenbarte sich Gott durch Mose – er warb um die Liebe seines Volkes; die Gabe des Gesetzes bleibt untrennbar mit dieser Zeit verbunden, in der Israel ausschliesslich auf Gottes Führung durch Mose angewiesen war. Aber die Zeit der Verlobung Jahwes mit dem Volk Israel war keine Idylle.

Selbst der alte Prophet Hosea, der dieses Bild der "ersten Liebe" braucht (siehe auch Amos 5,24; Jeremia 22-23), verkennt seine Ambivalenz nicht. Die Wüste ist ein Ort der Armut; und Armut wird für Israel Gottes Strafe dafür sein, dass es "fremdging". Aber Gott erhofft sich aus einer neuen Wüstenerfahrung Israels dessen Rückkehr zu seiner alten Liebe:

> **(Israel, die untreue Gattin) ist ihren Liebhabern gefolgt, mich aber hat sie vergessen - Spruch des Herrn. (...) Darum will ich selbst sie führen und sie umwerben. Dann gebe ich ihr dort ihre Weinberge wieder, und das Achor-Tal mache ich für sie zum Tor der Hoffnung. Sie wird mir dorthin bereitwillig folgen wie in den Tagen ihrer Jugend, wie damals, als sie aus Ägypten heraufzog.**
>
> ***(Hosea 2:14-17. Notieren Sie, dass in Hosea die Versnumerierung, je nach Bibelausgabe, verschieden ist)***

Glaube auf dem Prüfstand

Vierzig Jahre der Wüstenwanderung sind vierzig Jahre der Prüfung. Israels Vertrauen und Treue werden auf die Probe gestellt- und wie oft schielten die Israeliten auf die Zeit der Sklaverei zurück: Da konnten sie sich wenigstens satt essen. Der Traum von den Fleischtöpfen Ägyptens ist zum Sprichwort geworden (2. Mose 16,3). Das Volk rebelliert und stellt seinerseits Gottes Liebe und Geduld auf die Probe (2. Mose 17,2). "Massa und Meriba" - ein Ort wiederum, der zum Begriff geworden ist (5. Mose 6,16; Psalm 81,8):

> **Ach, würdet ihr doch heute auf seine Stimme hören! Verhärtet euer Herz nicht wie in Meríba, wie in der Wüste am Tag von Massa! Dort haben eure Väter mich versucht, sie haben mich auf die Probe gestellt und hatten doch mein Tun gesehen.**
>
> *(Psalm 95:7-9)*

Wir pflegen den Worten "Versuchung", "auf die Probe stellen", usw. einen negativen Beigeschmack zu geben, als ob wir in der Versuchung schon über die Schwelle zur Sünde getreten wären. Und die zitierten Texte tragen dazu bei. Ich möchte für ein nüchternes Bild der "Versuchung" plädieren. Ich sehe in der Wüstenwanderung ein typisiertes Bild vom Glaubensleben überhaupt: Im Leben sind wir ständig auf das Versuchen angewiesen. Für manche Probleme haben wir keine fertigen Rezepte; Gottes Anweisungen sind nicht mechanisch anwendbar. Kaum ein Weg ist je markiert.

Das Ringen ist schwer

Hart der Weg durch die Wüste

Ohne klaren Pfad

Wir müssen Lösungen wagen, Modelle erproben: diese werden uns manchmal von unseren Nachbarn geliefert. Erst die Erfahrung wird uns zeigen, ob der Versuch uns zu einer Lösung bringt oder verworfen werden muss. Die Episode des "Goldenen Kalbes" (eine vorwegnehmende Darstellung von vielen Situationen der "Versuchung" in Israels späterer Geschichte?) ist eine ideale Illustration dieser These.

Israels Nachbarn haben "Götter, die vor ihnen herziehen" (siehe 2. Mose 32,1) - präziser ausgedrückt: Auf ihren Feldzügen ziehen Bilder ihrer Götter vor ihrem Heer her. Sollte das, was für die Ägypter und für die Assyrer gut ist, für Israel nicht gut sein? Eine Beziehung zu Gott, die ausschliesslich durch seine Propheten vermittelt wird, (Mose ist vielleicht der grösste, aber nur der erste einer langen Reihe), das ist schön und gut, aber das System hat seine Tücken. Wird Gott im Wort seiner Propheten immer präsent sein? Und wenn Gott schweigt oder die Inspiration lange auf sich warten lässt?... In unserer Erzählung: Was soll geschehen, wenn der Prophet sich zu lange zurückzieht, um Gottes Anweisungen aufzunehmen? In einer Statue wäre die Präsenz Gottes doch viel fassbarer! Der Priester Aaron ist geneigt, dem Verlangen des Volkes stattzugeben. Erst der zurückkehrende Prophet wird in diesem Versuch ein Vergehen sehen und Aaron vorwerfen, er habe das Volk zur Untreue verführt. (2. Mose 32,21). Wie eine Vorwegnahme der "Sünde Jerobeams".

> **So ging er (Jerobeam) mit sich zu Rate, ließ zwei goldene Kälber anfertigen und sagte zum Volk: Ihr seid schon zuviel nach Jerusalem hinaufgezogen. Hier ist dein Gott, Israel, der dich aus Ägypten heraufgeführt hat. Er stellte das eine Kalb in Bet-El auf, das andere brachte er nach Dan. Dies wurde Anlaß zur Sünde.**
>
> *(1 Könige 12:28-30)*

Es ist übrigens bezeichnend, dass die alttestamentliche Tradition sich über die Bedeutung des Ereignisses nicht einig ist. Selbst im 2. Buch Mose mit seiner unsicheren Redaktionsgeschichte sind zwei Interpretationen zu finden:

Nach 2. Mose 32,4-5 stellt das Kalb Jahwe dar: "Das ist dein Gott, Israel, der dich aus Ägypten herausgeführt hat. (...) Morgen ist ein Fest zur Ehre des Herrn (Jahwe)".

Nach dieser Deutung hätten die Israeliten gegen das *Bildverbot* verstossen, nicht gegen das Verbot der *Vielgötterei.* Aber der Autor von 2. Mose 32,26 scheint vorauszusetzen, dass das Kalb einen anderen Gott als Jahwe darstellt: Moses schart sich um die Anhänger Jahwes ("wer für den Herrn ist, her zu mir") und weist sie an, die Untreuen – selbst unter ihren Brüdern und Freunden – zu erschlagen. Der Schluss lag nahe, denn das Bild des Stieres war dem Gott Baal gewidmet. Siehe auch Psalm 106:

> **Sie machten am Horeb ein Kalb und warfen sich vor dem Gußbild nieder. Die Herrlichkeit Gottes tauschten sie ein gegen das Bild eines Stieres, der Gras frißt. (...) Sie hängten sich an den Báal-Pegór und aßen die Opfer der toten Götzen.**
>
> *Psalm 106:19-20. 28*

Die "Endlösung" des Heidenproblems ?

Wie wir sehen, hat der Kontakt mit anderen Religionen und Glaubensüberzeugungen seine Tücken. Breite Schichten der alttestamentlichen Tradition scheinen deshalb zu einer "Endlösung" des Problems zu neigen. Wenn Israel sich in Kanaan niedersetzt, soll es die anderen Völker ausmerzen. Zu Ehren des Herrn sollen Städte wie Jericho und Ai – Menschen und Reichtümer - dem Untergang geweiht sein (siehe Josua 6 und 7). Eine nicht allzu elegannte Weise, die Versuchung zu bannen, mit den Ureinwohnern und ihren Überzeugungen "sündhafte Kompromisse" zu schliessen. Eine Endlösung, die Befehl des Herrn sein soll (5. Mose 7,1-5; Psalm 106,34). Wir würden in unserer Angst vor Synkretismus nicht so weit gehen, aber wir brauchen nicht sehr weit in unsere Geschichte zurückzublicken, um konsequente Anwendungen des Prinzips "*cujus regio, ejus religio*" zu entdecken: die Regierenden bestimmen, welche Religion im Land gelten soll, und alle haben sich zu fügen oder zu verschwinden. Wenn die Erfahrung "*partir, c'est mourir un peu*" gilt ("Abschied nehmen ist immer ein bisschen sterben"), dann ist die "menschlichere" Lösung von der Verbannung nicht viel besser als die vielen Todesurteile, die unsere, auch christliche Intoleranz nach sich gezogen hat.

Aber oft war es nicht möglich, die alten Städte der Ortsansässigen "Heiden" zu erobern und zu zerstören. So musste man sich mit einem friedlichen Zusammenleben "abfinden". Die Israeliten würden Seite an Seite mit Kanaanitern leben, und so wurden andere Ermahnungen notwendig: Nicht Ausmerzung der fremden Kulte, sondern Treue zum Jahwe-Gauben (zum Beispiel Josuas "Testament" Jos. 23).

Neue Lebensumstände - neue Götter

Wir sollten die theologischen Probleme nicht bagatellisieren, mit denen sich Israel im "Land der Verheissung" konfrontiert sah. Vor der Landnahme war Israel ein Bündel von nomadischen Stämmen. Jahwe war "der Gott, der Israel führte". Das war in Israel's Augen sein "Zuständigkeitsbereich". In Kanaan wird aus dem Volk von nomadischen Hirten ein Volk von Bauern. Wer soll für die neuen Lebensbereiche zuständig sein? Verständlicherweise schauen die Israeliten ihren Nachbarn über die Schulter.

Für die Fruchtbarkeit des Feldes haben diese eigene Götter, weibliche und männliche: Astarte, die *Muttergöttin* der Erde, und Baal ("Herr"), der *Himmelsgott* (Regengott), dessen mythische und kultische Vereinigung mit Astarte dem Feld Fruchtbarkeit bringt. Sollen neue Lebensumstände eine Erweiterung des Pantheons mit sich bringen? Eine solche Erweiterung würde Jahwes Ausschliesslichkeitsanspruch gefährden. Daher das hartnäckige Plaidoyer der Propheten: "Nicht euer Pantheon sollt ihr erweitern, sondern eure Theologie, das Bild, das ihr von Jahwe, eurem Gott habt." Hosea, auf den wir schon gestossen sind, stellt die Situation dramatisch dar als einen Prozess des Ehegatten Jahwe mit seiner untreuen Gattin Israel:

> **Verklagt eure Mutter, verklagt sie! Denn sie ist nicht meine Frau, und ich bin nicht ihr Mann. Sie soll von ihrem Gesicht das Dirnenzeichen entfernen und von ihren Brüsten die Male des Ehebruchs. (...) Ja, ihre Mutter war eine Dirne, die Frau, die sie gebar, trieb schändliche Dinge. Sie sagte: Ich will meinen Liebhabern folgen; sie geben mir Brot und Wasser, Wolle und Leinen, Öl und Getränke. (...) Aber sie hat nicht erkannt, daß ich es war, der ihr das Korn und den Wein und das Öl gab, der sie mit Silber überhäufte und mit Gold, aus dem man dann Baalsbilder machte.**
>
> *Hosea 2, 4.7.10*

Wenn das erste Gebot gelten soll, so bringen jeweils neue Lebensumstände neue Einsichten in Jahwes "Zuständigkeit" - und der Dialog mit anderen Religionen und ihren Einsichten soll nicht zur Vermehrung der Götterbilder führen, sondern zur Bereicherung des Bildes, das wir von Gott haben.

Theologische Verfestigung patriarchalischer Urbilder

Mit einem Wortspiel, das dem Hosea wohl nicht fremd ist (siehe Hosea 2,18), soll Jahwe – und nicht ein fremder Gott – Israels "Baal" sein, der Ehegatte, der auf seine Gattin alleinigen Anspruch erheben darf. Die

Vielgötterei wird bewusst verworfen. Die Situation ist klar. Viel unklarer, viel heimtückischer sind die Folgen der Verweigerung vom kanaanitischen Polytheismus.

Hoseas Bild macht es sehr anschaulich: der Gott, der allein auf dem Plan bleiben darf, ist Israels "Ehemann". Ein männlicher Gott. Ob man es will oder nicht, ein Gott, der dem Baal näher ist als der Astarte. Wenn nur ein Gott auf dem Plan bleiben darf, dann ist es ein "ER".

Da unsere Gesellschaft durch die Jahrhunderte partriarchalisch geblieben ist, sind wir uns der Implikationen dieser theologischen Wahl nicht bewusst geworden: Jahwe ist ein männlicher Gott; und er hat keine "bessere Hälfte". Mögliche weibliche Züge der Gottheit bleiben im Schatten. Das Vaterbild ist schon im Alten Testament nicht selten; viel seltener die Muttermetapher (Jesaia 66,13; Psalm 131).

Selbst das babylonische Exil hat das Bild nur unwesentlich korrigiert. Von den religionen Mesopotamiens und Persiens hat das Judentum die Weisheit übernommen und daraus, wie es sich gehört, eine Weisheitstheologie gemacht. Die Worte für Weisheit und Geist sind im Hebräischen zwar feminin, aber es ist zweifelhaft, ob in alttestamentlicher Zeit daraus je ernste Folgen für das Gottesbild gezogen wurden: der männliche Gott bleibt "monolithisch", DER Gott Israels; die Weisheit wird in alttestamentlicher Zeit bestenfalls Gottes erstes Geschöpf (Sprüche 8,22).

In neutestamentlicher Zeit hat zwar die Christologie gewisse Züge der Weisheitstheologie übernommen, aber die Tatsache, dass Jesus ein Mann war, hat zur Ablösung von einem einseitig männlichen Gottesbild nicht geholfen – zumal die johannäische Fassung der Sophia-Theologie zu einer Logos-Theologie wird – wieder eine maskulinische Bezeichnung!

Während Spekulationen über das Geschlecht der Engel im MIttelalter nicht unbekannt waren, bleibt die Öffnung der Trinitätslehre zu einer nicht-sexistischen Interpretation weitgehend eine Aufgabe für die künftigen Generationen. Es ginge unter anderem darum, aus 1. Mose 1,24-27 Konsequenzen für unser Gottesbild zu ziehen:

> **Gott schuf also den Menschen als sein Abbild;**
>
> **als Abbild Gottes schuf er ihn.**
>
> **Als Mann und Frau schuf er sie.**
>
> *Genesis 1:27*

Voltaire sagte: "Dieu a créé l'homme à son image; l'homme le lui a bien rendu": Gott hat den Menschen (oder den Mann...?) als sein Abbild geschaffen; der Mensch (oder der Mann...?) hat sich zünftig revanchiert). Allzu oft haben wir Männer Gott nach unserem eigenen Bild geschaffen und vergessen, dass die Fülle des Menschenbildes Weiblichkeit einschliesst. Und wenn der *Mensch* "Abbild Gottes" sein soll, dann darf unser Bild von Gott nicht einseitig männlich (oder weiblich) sein.

Vater-Mutter Gott

In dir bin ich geborgen

Jetzt und für immer

Jesus, mein Bruder

Mit dir bin ich unterwegs

Begleite du mich

Windhauch der Weisheit

Du, Gottes Atmung in mir

Mach mich lebendig

Gott als Schöpfer

Es ist sicher eine Folge der Landnahme, der Sesshaftwerdung und des Kontaktes mit den Religionen der Umgebung, dass Israels Gott vom

Führer des nomadischen Volkes zum Gott der Schöpfung, ja zum Schöpfer “geworden” ist.

1.Mose 2, der jahwistische “Schöpfungsbericht” ist klar ein auf dem Hintergrund der landwirtschaftlichen Umwelt konzipierter Schöpfungs-mythos. Das Schöpfungs- und Schöpferbild der Priesterschrift (“P”, in 1. Mose 1) sieht viel “fortschrittlicher” aus. “P” nimmt Abschied vom Handwerkergott (dem Schöpfer als Töpfer werden wir erst in prophetischen Metaphern wieder begegnen - siehe Jeremia 18 und 19; Jesaia 29,16) zugunsten eines “Weisskragenschöpfers” (*white collar creator*), der nicht mehr selbst “die Hand anlegt”, sondern nur noch “spricht”, und es “**wird**” das genannte Geschöpf. Die Priesterschrift erweitert das Bild des Schöpfers im Dialog mit den Kosmologien und Mythologien der Umgebung (Sonne, Mond und Sterne sind keine Götter, sondern reine Geschöpfe, “Lampen an der Himmelsdecke”).

In den letzten Jahrzehnten ist erkannt worden, dass das weitgehend entmythologisierende Schöpfungsbildd von 1. Mose 1 (der Mensch als Gottes “Wesir” mit weitgehender Vollmachht ausgerüstet) uns mehr beeinflusst hat als das Schöpfungs- und Menschenbild von 1. Mose 2 (der Mensch als “**Hüter**” des Gartens). Es ist gleichsam zur ideologischen Basis des wissenschaftlichen und technologischen Fortschritts geworden – oder der Ausbeutung der Schöpfung...

Pacha Mama aus Stein, in Boliven gekauft

Wie wir Amerika "entdeckt" haben, entdecken wir nun die Notwendigkeit eines "neuen" Verhältnisses zur Schöpfung. Und so wird auch für uns die Frage akut, was wir annehmen und was wir verwerfen sollen von der "*Pacha Mama*"-Verehrung (Verehrung der Erdmutter), die die Entdecker Amerikas sicherlich als "Aberglauben" gebrandmarkt haben - ähnlich dem Astartekult in alttestamentlicher Zeit... So neu ist aber das Bild der Mutter Erde auch wieder nicht für diejeningen, die den sogenannten "Sonnengesang" des Franziskus kennen. Franziskus lobt Gott mit "*Schwester Mutter Erde*". Die entthronte Erddgöttin wird zur "Schwester", des Menschen. Damals schon ein Schritt in die Richtung der Bundestheologie der Schöpfung, die Kosuke Koyama in Nairobi forderte (in seiner Antwort auf den Plenumsvortrag des Biologen Charles Birch an der Vollversmmlung des Oekumenischen Rates der Kirchen, 1975).

Das richtige Gottesbild: Das Ringen geht weiter

Sollen wir unser Blickfeld noch erweitern? In der Art, wie wir die biblischen Schöpfunngsmythen verstanden haben, sind wir sicher immer wieder Kinder unserer Zeit gewesen, die die "Götter" (oder Ideologien) ihrer Umgebung kritiklos übernommen haben. So ein historisierendes Verständnnis dieser Texte. "Kreationistische" Schöpfungstheologien zeigen, dass das Missverständnis der Schöpfungsmythen als wissenschaftliche Aussagen nicht überwunden ist.

Hier möchte ich auf einen anderen Aspekt der Auslegung solcher Texte hinweisen, die immer wieder zu Missinterpretationen geführt hat. Es gehört zur Aufgabe und Struktur der Schöpfungsmythen, dass sie Gottes Absicht und Ziel in der Schöpfung in eine mythische "Vorzeit" verlegen. Wer das verkennt, macht Gott leicht zu dem "grossen Uhrmacher", der einst die Welt *geschaffen* hat, der jetzt aber nicht mehr gebraucht wird: die Weltuhr braucht ihn nicht, um zu laufen. Gott hat sich in seinen Himmel zurückgezogen... oder ist dorthin zurückgedrängt worden. Der Gott der Bibel aber ist der lebendige, schaffende Gott, und es ist bezeichnend, dass für Paulus "die Leiden der gegenwärtigen Zeit" als Teil der "*Geburtswehen*" der Schöpfung zu sehen sind:

> **Denn wir wissen, daß die gesamte Schöpfung bis zum heutigen Tag seufzt und in Geburtswehen liegt.**
>
> *Römer 8:22*

Nur so ist Jahwe der, der sich dem Mose (2. Mose 3,14) geoffenbart hat: "Ich bin (oder werde sein), der ich bin (oder sein werde) - Einheitsübersetzung: Ich bin der "Ich-bin-da" - der lebendige, gegenwärtige Gott, der Gott der Überraschungen. Und mit Gottes Überraschungen sind wir bei weitem nicht fertig geworden. Nach meiner eigenen Erfahrung brauchen wir den Glauben und die religiöse Erfahrung von anderen Gläubigen, um alle Dimensionen dieses unseres Glaubens zu entdecken. Im Folgenden nur andeutungsweise zwei weitere, aktuelle Aspekte.

Islam und Trinität

Der alttestamentliche Kampf gegen das "Goldene Kalb" ist weitgehend ein Kampf gegen Vielgötterei. Um den verschiedenen Arten und Weisen gerecht zu werden, wie dieser eine Gott sich uns bekannt gemacht hat, haben Theologen der Antike (mit Hilfe einer in ihrer Umwelt gängigen Philosophie, die uns fremd geworden ist) die Trinitätslehre erfunden. Die Propheten hatten darum gerungen, den Glauben an die Einzigkeit Gottes durchzusetzen, gemäss dem alttestamentlichen Credo (Sch'ma Israel).

> **Höre, Israel! Jahwe, unser Gott, Jahwe ist einzig. Darum sollst du den Herrn, deinen Gott, lieben mit ganzem Herzen, mit ganzer Seele und mit ganzer Kraft.**
>
> *Deuteronomium 6:4-5*

Vielen "Andersgläubigen" und vielleicht manchmal uns selbst gegenüber haben wir Mühe, verständlich zu machen, dass wir nicht in Vielgötterei zurückgefallen sind und an drei Götter glauben, sondern an diesen einen, lebendigen Gott. Es ist für mich wohl die Herausforderung des Islams überhaupt, dass er uns zwingt, glaubhaft zu machen, dass der "dreieinige Gott" wahrhaftig der eine, einzige Gott ist, den der Prophet Muhammad predigte und jeder Muslim bekennt:

La ilaha illa Allah

Es gibt keinen Gott ausser Gott.

Inkarnation und Geist

Und zuletzt, wenn wir schon trinitarisch denken... Es scheint die Schwäche des westlichen Christentums zu sein, dass es bestenfalls eine Geistes**lehre** (Pneumatologie) aber kaum eine Geistes-*Erfahrung* hat. Daher der Erfolg der charismatischen Erneuerung als auch der östlichen Religionen mit ihren Meditationsmethoden. Allzu schnell "beweisen" wir mit Hilfe unseres Rationalismus die Überlegenheit der christlichen Lebensauffassung und die Gefahren der buddhistischen Suche nach dem "Nichts" als dem Ziel des Lebens. Wir haben jeden Sinn für die Paradoxe des Lebens verloren und könnten vom Buddhismus lernen, dass Leere und Fülle sich gegenseitig bedingen.

Die tägliche Übung vom Schweigen und vom Leerwerden könnte ein Weg der Nachfolge (und *imitatio*) dessen werden, der sich entäusserte (Philipper 2,6; wörtlich “entleerte”).

WENN DAS DENKEN ERLISCHT

ERWACHT DER GEIST

lernte ich von meinem Meditationsmeister in Südwestdeutschland.

Gottes Inkarnation in Jesus mag als einzigartig angesehen werden, aber sie ruft nach der Inkarnation des Geistes in uns, und diese setzt “Entleerung” voraus.

Welche Dimensionen unseres eigenen Glaubens wir aus der Begegnung mit der Spiritualität östlicher Christen und östlicher Religionen entdecken könnten, ahnen wir kaum. Das setzt aber voraus, dass wir sie nicht ignorieren, ihre Wahrheiten nicht totschweigen, sondern ihnen mit Achtung begegnen und bereit sind, nicht nur alte Wahrheiten bestätigt zu finden, sondern unerkannte Felder unseres Glaubens zu entdecken.

Die kleinen Dinge

> *"Wenn der Prophet ewas Schwieriges von dir verlangt hätte, hättest du es bestimmt getan..." (2. Könige 5,13)*

Herr, ich möchte grosse Dinge tun
für dich.
Und ich erwarte auch grosse Dinge
von dir.
Du bist ja der Mächtige.

Ich weiss ja auch, dass es etwas braucht
an Einsatz von Macht,
um mich wieder gesund zu machen.
Du hast diese Macht, und du kannst sie einsetzten.
Das erwarte ich von dir.
Und ich werde deine Macht sehen
und dich gebührend loben.
Dir ein gebührendes Dankopfer bringen.
Ich habe einiges zu bieten. Es steht parat.
Ich bin bereit, grosse Dinge zu tun
für dich.
Aber ich erwarte, dass du grosse Dinge tust
für mich.

Aber, Herr, ich bin erstaunt
und eigentlich enttäuscht.
Du erwartest von mir gar nicht soviel Grosses.
Nur Unscheinbares erwartest du von mir.

Kann überhaupt etwas wachsen aus dem kleinen
unscheinbaren Schritt, den du von mir erwartest?
Nimmst du mich wirklich ernst
– mich und meine Krankheit, die ich so ernst nehme –
nimmst du mich wirklich ernst,
wenn du von mir so wenig verlangst?

Ich muss es einsehen, Herr,
meine Massstäbe sind falsch.
Zunächst einmal bin ich nicht so gross und wichtig,
wie ich mir vorkomme.
Und du liebst die Kleinen und Schwachen
und willst im Unscheinbaren deine Macht erweisen.

So hat der kleine Schritt, den du von mir verlangt hast,
genügt, um mich zur Gesundheit zu führen.
Ein Glück, dass ich mich doch
dazu habe bewegen lassen.

Dein Handeln hat etwas in mir verändert.
In Wirklichkeit ist nur derjenige gross,
der sich vor dir klein weiss.
In Wirklichkeit zählt nur der kleine Schritt,
der aber im Vertrauen auf dich getan wird.

Ich will dich mit dem Einsatz meines ganzen Lebens
loben

und mit all den kleinen Schritten,

die du von mir erwartest,

und aus denen du

auch weiterhin

so Grossartiges machen kannst.

23.05.1985

Gehet hin und lernet, was das heisst: "Barmherzigkeit will ich und nicht Opfer"

Hosea 6,6; Matthäus 9,13

Kommet her, sagt Gott zu uns

Kommet her und lernet bei mir, was das heisst:

"Barmherzigkeit... **und** Opfer"

1.

Ich bin ein Gott der Barmherzigkeit

Ich bin ein Gott der treuen Liebe

Deshalb habe ich schon dem Abraham beigebracht

Ich erwarte von dir kein Opfer

Weder deinen Sohn will ich als Opfer

Noch ein Tier

Für das Opferlamm will ich

In meiner grossen Liebe zu dir

Selbst sorgen.

Kommet her und lernet bei mir

Was das heisst

Barmherzigkeit **und** Opfer

"Vendredi-Saint" (Karfreitag) 1986

ICH bin der Vater

Der aus unermesslicher Liebe zu euch

Seines eingeborenen Sohnes

Nicht verschont hat (Römer 8,32)

In der Gestalt meines Sohnes

In der Gestalt Jesu am Kreuz

Sage ich JA zu beidem

Barmherzigkeit **und** Opfer
In der Gestalt meines Sohnes
Entdeckt ihr meine Barmherzigkeit
Am Kreuz entdeckt ihr meine Liebe – im Opfer.

In meiner Liebe nehme ich euch an
Die Menschen mögen euch verstossen
Wie der Zöllner Matthäus oder die Ehebrecherin
Euer Gewissen mag euch verurteilen
Ich bin grösser als euer Gewissen (1. Johannes 3,20)
Denn ich bin Liebe
Ich nehme euch an und vergebe euch
Die drückende
Die lähmende Schuld.

Ich nehme euch auf in meiner Liebe
Geborgenheit will ich euch geben
In meiner Liebe
Ihr möget Angst haben im Leben
Ihr möget Angst haben vor dem Tod
Im Tod meines Sohnes zeige ich euch
Dass meine Liebe den Tod besiegt hat
Im Tod meines Sohnes Jesus Christus
Zeige ich euch
Dass der Tod auch für euch
Keine furchterregende Höhle ist
Nein

Er soll für euch ein Ort sein
Den ich vorbereitet habe
Ein Ort der Geborgenheit
In ewiger Zärtlichkeit.

2.
Mein Leben, sagt Gott
Mein Leben ist stärker als der Tod
Denn im Opfer meines Sohnes
Hat der Tod nicht das letzte Wort gehabt.
Es geht ein Licht auf nach ewiger Nacht
Und Leben erscheint zu ewiger Freude.

Nun gehet hin und lernet
Was das heisst für euch
“Gerechtigkeit will ich
Und nicht Opfer”
Ich erwarte von euch nicht
Dass ihr Opfer bringt
Die mich günstig zu stimmen hätten
Dies ist meine Erwartung
Nehmt einander an
Seid füreinander Zeichen der Liebe
Die allen Menschen gilt
Zeichen meiner Liebe.

3.
Bietet den Menschen, die es brauchen
Orte der Begegnung
Und wenn ihr euch in meiner Liebe
Geborgen fühlt
So bietet einander Geborgenheit
In der Liebe, die ich möglich mache.
Denn ich bin Liebe

Gehet hin und lernet
Was das heisst
Barmherzigkeit und nicht Opfer

Sicher

Ihr werdet noch leiden müssen

Am vielen Leiden der Welt

Ihr werdet mittragen müssen

Am Leiden der Menschen

Die bei euch Zuflucht finden

Solches Leiden aber soll nicht Opfer sein

Solches Lieben **wird** nicht Opfer sein

Denn es ist meine Liebe

Die ich euch gebe

Zum Weiterverschenken

Denn es ist meine Liebe

Die euch weiterträgt

Es ist meine Liebe

Die mitträgt am Leiden

Das euch begegnet

Das euch bedrückt

Gehet hin und lernet

Was das heisst

Einander zu tragen

Und wenn Liebe hin- und herfliesst

Werdet ihr nicht mehr wissen

Wer trägt und

Wer getragen wird

Und wenn Geborgenheit

geboten wird

Werdet ihr nicht mehr wissen

Wer in wessen Liebe

Geborgen ist

"Rencontre" (Begegnung)

oder Ave Maria (1984)

Und wenn in der Zuneigung

Zärtlichkeit geschenkt wird

Werdet ihr nicht mehr wissen

Wer gibt und wer empfängt

Denn ich bin es

Der ich euch liebe
Und euch meine Liebe gebe
Zum miteinanderteilen

Gehet hin und lernet
Was das heisst
Barmherzigkeit will ich
Und nicht Opfer

Basel, 23. November 1986

Der Weinstock und die Reben

Johannes 15,5 (oder 1-11)

Dieses Wort stellt mich ganz heftig in Frage und, wie ich meine,
die Art, wie wir in diesem (Missions-)Haus arbeiten.
Wir rennen von einem Termin zum anderen.
Wir rennen den ganzen Tag und von einem Ende der Woche
zum anderen – das es manchmal nicht gibt,
denn die neue Woche hat schon angefangen,
bevor die alte mit der uns gebotenen oder
angebotenen Ruhe beendet wurde.

Und wir meinen oder hoffen: ich muss es schaffen.
Ich muss es trotzdem schaffen.
Ein Glück, wenn wir nicht sagen: Ich werde es schon schaffen.

Ich bin der Weinstock

“Von mir getrennt - abseits von mir
könnt ihr nichts vollbringen”.
Ich bin der Weinstock, von mir kommt der Lebenssaft.
Die schöpferische Kraft.
Bleibt mit mir verbunden – anders ausgedrückt:
bleibt in mir tief verwurzelt –
dann wird der Lebenssaft fliessen,
Und ihr werdet Frucht bringen.

Ich muss zunächst etwas unbeholfen erkennen:

seit langer Zeit habe ich das tiefe Gefühl,
dass der Arbeitsrhythmus, den wir uns selbst und gegenseitig
auferlegen – unsere Geschäftigkeit -
es uns - Nein! ich muss für mich reden – es mir
unmöglich macht, mit ihm verbunden zu sein,
wie er mir zusagt, er sei mit mir verbunden.

Es geht hier nicht um weniger als
die Pflege einer Liebesbeziehung:
“Ich liebe euch so, wie der Vater mich liebt.
Bleibt in dieser Liebe !”

Und jetzt wehre ich mich.
Ich spüre immer heftiger in mir eine tiefe Auflehnung.
“So darfst du es nicht.”

Du musst Zeit für deine Wurzeln haben.
Ohne Wurzeln; ohne Verwurzelung, ohne Pflege
der oft ganz zarten Wurzeln, die dich
mit dem Weinstock verbinden können, kannst du nicht leben.
Die zarten Wurzeln, die haben etwas zu tun
mit der Zärtlichkeit, die uns in Jesus Christus begegnet.
Die Liebe Gottes. Ich brauche Zeit, um mich von dieser Liebe
imprägnieren, prägen, weich machen zu lassen
bis in die Tiefe meiner Wurzeln.

Mir ist weh, wenn ich das sage, denn ich sehe keinen Weg:

Wenn ich mir Zeit freischaufle, belaste ich vielleicht andere,
die auch das Recht haben sollten,
einen gesünderen Rhythmus von Geschäftigkeit
und Rückkehr zu den Wurzeln von Gottes Zärtlichkeit
zu finden.
Ich bin traurig, weil ich immer noch ratlos
vor der Frage nach dem Wie stehe.
Aber dann lese ich den letzten Satz Jesu,
und ich bekomme wieder Mut:
"Ich habe euch dies gesagt,
damit euch meine Freude erfüllt
und eure Freude vollkommen wird."

22.11.1985
für die Komiteesitzung vom 23.11.85.

Petrus, liebst du mich?

Johannes 21,15-17

Herr, ich habe Mühe mit deiner Frage: "Liebst du mich?"
Mir ist nicht wohl, weil ich genau weiss,
was ich vor drei Tagen getan habe.
Ich habe geredet, ich habe gehandelt,
als ob ich dich nicht kennen würde .
Wo war meine Liebe zu dir?

Ich hatte vergessen, dass ich dich liebe.
Aber DU weisst, dass ich dich liebe.

Warum fragst du ein zweites Mal: “Liebst du mich?” ?
Jetzt ärgere ich mich.
Mit deiner Frage berührst du mich an einer empfindlichen Stelle.
Ich habe ein schlechtes Gewissen.
Ich bin dir böse, dass du es aufweckst.
Und ich ärgere mich. Über dich
oder vielleicht über mich selbst.

Hast du Angst, ich könnte bald wieder vergessen,
dass ich dich liebe?
Oder spürst du, dass ich wahnsinnig verunsichert bin?
Ich war so stark!
“Wenn all diese da dich verraten... ich tue das nicht.
Ich bleibe fest.”
Unter ihnen ist einer, der dir bis unter’s Kreuz gefolgt ist,
mit Frauen.
Aber ich...
Vor den Mägden, und vor den Soldaten um das Lagerfeuer
habe ich dich verleugnet.
Weg war meine Kraft, vereist die Glut meiner Liebe
vor lauter Angst.
Ich bin noch ganz erschüttert:
Wie war’s- ja wie ist es denn bestellt mit meiner Liebe?
Aber du weisst, Herr, dass ich dich liebe.

Jetzt bin ich aber direkt traurig, Herr.
Du bist recht aufdringlich.
Zweimal hätten genügt... Ja, zweimal hätten genügt.
Aber wenn der Hahn krähte, hatte ich dreimal so getan,
als liebte ich dich nicht.
Jetzt bin ich aber traurig, Herr.
Und ich fange an zu verstehen.
Es ist nötig, dass ich traurig werde.
Es ist nötig, dass ich in meiner Traurigkeit,
In meiner Trauer, meine alte Art, dich zu lieben begrabe.
Ich meinte zu wissen, dass ich dich liebe, mehr als alle anderen.
Ich meinte es zu schaffen, dich zu lieben, Ja bis zum Tod,
deinem oder meinem.
Diese selbstbewusste Liebe muss ich begraben.
Ich muss eine neue Art lernen, dich zu lieben.
Eine Liebe, die in dir ihre Wurzeln hat.
In deiner Liebe und in deinem Wissen, dem unbeschränkten.
Nicht in meinem Wissen, dem lückenhaften, dem launischen.
Herr, du weisst alles.
Auch dann, wenn mein Wissen – um meine Liebe – umnachtet ist.
Auch dann weisst du, Herr, dass ich dich liebe.
Daran will ich mich halten.

08.03.1986

Die Heilung des Gelähmten

(Apostelgeschichte 3,1-10)

Leute, rief er, Gott will den aufrechten Gang !
Den aufrechten Gang der Bettler,
die betteln nach dem lebendigen Geist;
ihnen die höchste Würde.
Die erste Seligpreisung nach H.R Hilty

Nein !
Ein Armer kann nicht glücklich sein.
Nein !
Ein Bettler kann nicht aufrecht gehen.

Seht mich an, Leute, habt Erbarmen mit mir.
Ich habe zwar Beine,
Aber sie haben mir ihren Dienst versagt.
Nie bin ich gegangen aufrecht auf meinen Beinen
mit geradem Rücken und festen Knien.
Nie ist es anders gewesen.

Seit meiner Geburt bin ich gelähmt.
Zwei Hände haben mich aus meiner Mutter Schoss,
aus der ursprünglichen Geborgenheit
Gerissen und weggetragen.
Ich habe aus Verzweiflung geschrien.
Wer wird mir die Zärtlichkeit zurückgeben,

die mir da weggenommen wurde?

Ich habe Beine, aber sie haben mir nichts genützt.
Leute haben mich getragen,
hin und her,
nach ihrem Willen.
Ich habe einen Kopf.
Aber er kann nichts denken.
Meine Beine gehorchen ihm nicht.
Sie – meine Träger - beschliessen,
wo ich hin soll.

Ich gehe nicht, ich werde getragen.
Ich gehe nicht, ich werde gegangen.
Und ich lasse sie walten:
ich lasse mich tragen.

Es sind immerhin zweimal zwei Arme,
die mich umgeben.
Ersatz für die vermisste Zärtlichkeit...

Und ich habe Hände.
Mit seinen Händen soll man
sein tägliches Brot verdienen
Mein tägliches Brot!
Kann ich sagen, dass ich es mit meinen Händen verdiene?

Den ganzen Tag strecke ich meine Hand aus.
Den ganzen Tag mache ich die hohle Hand.
"Habt Erbarmen mit mir, gute Leute."

Aber nie wird eine kleine Münze
eine Hand füllen.
Es langt gerade, um nicht zu verhungern.
Es ist aber nicht genug zum Leben.
"Habt Erbarmen mit mir, gute Leute."

Erbarmen... Liebe...
Ich bin ein Bettler um Liebe.

Es gibt nichts Schlimmeres
als um Liebe zu betteln.
Nichts, das die Leute mehr hassen,
als einen Bettler um Liebe.
Weinen, stöhnen...

Lässt sich Freude erflehen?
Die Menschen schliessen sich ab.
Sie können nicht antworten.
Seit meiner Geburt habe ich
um meine tägliche Liebe gebettelt.
Vergeblich.

Aber diese beiden Männer da,
was ist denn los?
Sie schauen mich an.
Ihr Blick geht nicht
über meinen Kopf hinweg
An mir vorbei.
Einer von ihnen ruft mich.
Ich soll ihn anschauen.
Sein Blick in meinen Augen.
Ist das möglich?
Ist es mir je passiert?
Ich strecke die Hand aus.
Vielleicht ist **das** ein Mensch,
der sie füllen wird?

Aber er nimmt meine Hand,
die rechte,
in seine Hand.
Und eine Kraft geht durch,
von seiner Hand in meine Hand
Oder etwa von seinen Augen
in meine Augen?
“Im Namen Jesu von Nazareth
wach auf, geh!
Im Namen Jesu, des Auferstandenen,
Steh auf, auferstehe,
Und geh!”

Er hatte weder Silber noch Gold,
um meine Hand zu füllen.
Ein Blick, mit Liebe geladen,
im Namen des Menschen,
der die Liebe ist.

Was passiert mit mir?
Wärme macht sich breit
von meinen Augen aus
in mein Herz.
Von meinen Händen aus
In meinen Bauch;
es ist wie ein wohltuendes,
warmes Bad, tief in mir.
Wie wenn eine Kraft in mich käme,
um in mir zu wohnen.
Eine Kraft bemächtigt sich meiner Glieder
und meine erschlafften Muskeln werden stark.
Eine Kraft kommt in meinen Kopf,
und ich kann auf einmal meine Schritte lenken.

Zum erstenmal bin ich es, der will...
bin ich es, der geht, hin und her.
Es ist wie ein Tanz.
Es soll meine Art sein,
den zu loben, der mich berührt,
dem zu danken, der mich geliebt,
dem entgegenzugehen,
der mir dazu Kraft gegeben hat.

Und meine ausgestreckte Hand,
die Hand eines Bettlers um Liebe...

sie ist in einer Geste der Liebe erfasst worden,
und so habe ich gelernt,
am eigenen Leib erfahren,
dass eine Hand nicht dazu geschaffen ist
zu betteln – weder um Brot noch um Liebe.
Ich entdecke, dass meine Hand fähig ist,
mein Brot zu verdienen
und Liebe zu vermitteln.

Ist es möglich, dass mir, dem Bettler,
so etwas passiert?
Ist es denn möglich, dass mir, dem Bettler,
dieses Glück...
Ist es denn möglich, dass mir, dem Gelähmten,
dieser aufrechte Gang geschenkt wurde?
Ich brauche kein Erbarmen mehr, gute Leute.
Kommt und tanzt it mir.
Aus einem Toten hat er einen Lebenden gemacht.
Aus einem Gelähmten einen Tanzenden,
aus einem Bettler um Liebe einen Liebenden.

Basel, 28./29. April 1986

Der Schatz in irdenen Gefässen

Biblische Besinnung über "Mission und Missionar"

gehalten im Rahmen eines "Gathering of Mission Training Personnel"

Basel, März 1987

Vielleicht erwarten Sie, dass ich Ihnen sage,
welche Texte grundlegend sind für mein Missionsverständnis.
Ich habe versucht, diese Erwartung zu erfüllen,
die ich Ihnen unterschob... und ich habe gemerkt: Ich kann nichts sagen,
das ich nicht zehn- oder tausendmal gelesen hätte -
bloss mit kleinen Nuancen und Akzentverschiebungen hier und da....
Schliesslich habe ich beschlossen, Sie an meiner persönlichen Art,
über missionarische Existenz zu reflektieren, teilnehmen zu lassen.
Eine Art, die meine Erfahrungen
und ein sehr konkretes Bibellesen vereinigt.

Vor einigen Monaten war ich gebeten worden,
für Missisonare über Mission zu reflektieren.
Und da fiel mir ein Wort ein:
"Wir haben diesen Schatz in irdenen Gefässen
auf dass die überschwängliche Kraft sei Gottes
und nicht von uns." (2. Kor. 4,7)
Tradutttore traditore...
(Jede - Auch meine "wörtliche"?) Übersetzung ist Verrat.

Was sagen andere Übersetzer?

“Ich bin **nur** ein **zerbrechliches** Gefäss für einen so kostbaren Inhalt”.

(Gute Nachricht)

“Diesen Schatz tragen wir in **zerbrechlichen** Gefässen”

(Einheitsübersetzung)

Hier fangen meine Probleme an.

Ein wertvoller Inhalt – das Evangelium – in zerbrechlichen Behältern.

Geht es wirklich – nur - um diesen Kontrast?

Welche Rolle spielt die Kraft Gottes in diesem Rahmen,

wenn ich den Vers weiterlese:

“auf dass die überschwängliche Kraft sei Gottes und nicht von uns”?

So begann ich über diesen Text

- für mich - zu meditieren, bis mir der Gedanke kam:

Lass doch die Schrift sich selbst interpretieren...

und

Die Bilder sind da, nicht um erklärt,

sondern nach-erlebt zu werden.

Schau doch, was Gott darüber zu Jeremia sagt in der Töpfer Werkstatt !

“Dies ist das Wort, das geschah vom Herrn zu Jeremia:

‘Mach dich auf und geh hinab in des Töpfers Haus;

dort will ich dich meine Worte hören lassen.’

Und ich ging hinab in des Töpfers Haus, und siehe,

er arbeitete eben auf der Scheibe.

Und der Topf, den er aus Ton machte, missriet ihm unter den Händen.

Da machte er einen anderen Topf daraus, wie es ihm gefiel.

Da geschah des Herrn Wort zu mir:
'Kann ich nicht ebenso mit euch umgehen,
ihr vom Hause Israel, wie dieser Töpfer?'
spricht der Herr." (Jer. 18,1-7; s. auch V. 8-10)

Wer schon in eine Töpferwerkstatt hineingeschaut hat,
wer selbst mit Ton schafft, dem ist Gottes Wort nah,
wie es dem Jeremia in des Töpfers Haus "geschah".
Arbeit mit Ton nimmt mich sehr tief mit. Arbeit an Ton ist Arbeit an mir.
Die Formen, die meine Hände bilden,
kommen von mir – aus grosser Tiefe.
Das Objekt, das ich modelliere, wird zu einem Teil meiner selbst.
Aber es steht mir gegenüber, und es kann eine Art Dialog entstehen:
Die Formen, die ich gebildet habe,
berühren mich manchmal in grosser Tiefe.
Wenn ich Hohlräume schaffe, arbeite ich an meinen Hohlräumen:
bildlich gesprochen – oder auch buchstäblich - an meinem Bauch.
Oder ich verschaffe mir einen Weg
in die Intimsphäre meines Gegenübers.

Wissen Sie nun, wie es einem geht,
wenn das Werk ihm "**unter den Händen missraten ist**"?
Schmerz, Trauer, Wut, packt mich,
wenn ich eine Figur zu Tode gearbeitet habe.
Und wenn ich das missratene Werk in die Hände nehme,
es neu knete und klopfe,
um daraus erneut einen homogenen Klumpen zu machen,

da leidet nicht nur die Erde, der Ton... ja da weint das Herz in mir;
und der Zorn,
den ich im Klopfen loslassen kann, ist Ausdruck der Trauer darum,
dass mir das Werk nicht gelang.

Das ist das Wort, das zu Jeremia **geschah** in des Töpfers Haus:
Gott redet nicht bloss von seiner Freiheit, an seinem Volk zu schaffen,
es zu strafen oder es neu aufzurichten.
Gott will, dass wir entdecken, was an Ihm, dem Töpfer,
der uns aus Lehm geschaffen hat, geschieht.
Wenn Gott uns straft, mögen wir seinen Zorn zu spüren bekommen.
Wir sehen nur unser Leiden.
Aber wir müssen wissen, dass Gott es ist, der am tiefsten leidet,
wenn Gott feststellen muss, dass die Erde, die er formen wollte,
sich gegen seinen Willen gesträubt hat.

Im Haus des Töpfers geschieht ein prophetisches Wort.
Hinter dem Leiden des Töpfers, der sein Werk neu anfangen muss,
zeichnet sich ab das Kreuz, die Passion des Sohnes,
der durch sein Blut einen neuen Bund schliesst,
das Werk an uns neubeginnt.

SO haben wir **"solchen Schatz in irdenen Gefässen**".
Wir sind Gefässe, durch Gottes Hand geformt.
Wie oft hat Gott es ansetzen müssen bis zum jetzigen Zeitpunkt ?
Immerhin hat Gott
es geschafft, aus diesem Klumpen Erde, Gefässe zu machen,

Hohlräume die seine Liebe aufnehmen, um sie weiterzugeben.

Aber je mehr ich diesen Paulus-Text in seinem Kontext (bis V. 9!) lese,
desto tiefer bin ich überzeugt,
dass Paulus uns nicht als fertige Gefässe sieht –
nach der Feuerprobe.
Er beschreibt die missionarische Existenz
als den Entstehungsprozess der irdenen Gefässe, die wir sind.

Ich weiss, wie ein Gefäss entsteht auf der Scheibe.
Die Kraft des Töpfers wirkt auf die Erde;
der Druck seiner Finger schafft aus der Mitte des Klumpens
den Hohlraum.

Sehr konkret sehe ich diesen Prozess in den Worten von V. 8-9;
**“wir wissen weder aus noch ein – doch ist es keine Sackgasse; (...)
zu Boden geworfen, aber nicht vernichtet”.
“In allem werden wir in die Enge getrieben und finden doch Raum...”**

Das Gefäss an sich ist Zeugnis der Kraft des Töpfers:
Je mehr Hohlraum, desto mehr Kraft
hat wohl der Schöpfer anwenden müssen.
Nicht Gewalt. Sanfte, geduldige Kraft von innen, und Halt von aussen.
Oder Druck von aussen und Halt von innen...
So geht es in diesem Text nicht bloss um Behälter und ihren Inhalt.
Die Gefässe, wie sie dastehen, zeugen von der Kraft dessen,
der sie geformt hat,

und von dem Kampf, den Gott liefern muss,
bis aus dem formlosen Klumpen
aufnahmefähige Gefässe entstehen.

Mehr noch ! Hat Paulus Jeremia nie gelesen?
Er weiss, dass der Töpfer etwas von sich selbst
in seine Geschöpfe hineinarbeitet .
So auch Gott...
Gott modelliert menschlichen Ton, formt uns nach seinem Bilde,
prägt in uns das Bild seines Sohnes,
der gestorben und auferstanden ist.
So soll unser Leben lebendiges Zeugnis werden
von seinem Sterben und Tod,
aber auch von seiner Macht, uns zu neuem Leben zu rufen.

In dem Sinne möchte ich "Missionar Sein":
In Gottes Hand ein irdenes Gefäss, geschmeidige Erde,
die Gott kneten und formen kann, bis in mir viel Platz ist,
um den Schatz aufzunehmen und weiterzugeben...
weicher Ton, in den Gott das Bild seines Sohnes einprägen kann,
damit mein Leben und mein Sterben
(mein Leben durch die vielen Sterbeprozesse, die ich durchmache)
zu einem Zeugnis seines Leidens, Sterbens und Auferstehens wird -
zu einem Zeugnis von Gottes überschwänglicher Liebe.

Ist das nicht "Mission in Christ's way"?
Beides zugleich:

Mission in der **Nachfolge** Jesu Christi
und in einem tiefen Sinne
Mission als **Imitatio** Christi:
kein äusserliches Nachmachen, sondern ein Prozess,
in dem Gott uns immer tiefer zum Bilde seines Sohnes prägt.

Wenn ich schwach bin, dann bin ich stark

Gedanken zu 2. Korinther 12,10

Verkürzte, deutsche Fassung einer "Bibelarbeit", die ich an der Tagung der Kommission für Weltmission und Evangelisation des Oekumenischen Rates der Kirchen hielt, Limuru (Kenya), Januar 1985

Es gibt Dinge, über die man nicht reden sollte.
So die Visionen und Entrückungen, auf die Paulus in diesem Kapitel seines Briefes an die Korinther anspielt:
Wer kann verstehen?
Und es gibt Dinge, über die man kaum reden **kann**.
Denn die Worte dafür gibt es offensichtlich nicht.
Und ich sollte mich anmassen, über Unsagbares in diesem Briefabschnitt zu schreiben?
Zum Unsagbaren hat Jesus in Parabeln geredet –
jede Parabel ist eine Einladung:
"Mache du die nötigen Schritte zur Entdeckung der Wahrheit; vollziehe sie nach."
Das Unsagbare drückt Paulus in Paradoxen aus. Verstehe, wer will; verstehe, wer kann.
Es gibt eigentlich nichts zu begreifen. Im Paradox entdecken wir eine

Lebenserfahrung aus dem Glauben – und eine Einladung, das nachzuvollziehen, was Paulus erlebt hat.

Wenn ich schwach bin, dann bin ich stark...

Ist es möglich, dass in diesem Satz, der unlogisch,
ja in sich widersprüchlich ist, Wahrheit steckt ?
Dem, der nur darüber nachdenkt,
bleibt die Wahrheit dieses Spruches verschlossen.
Nur auf dem Weg des Lebens,
in der Nachfolge des gekreuzigten Gottes erleben wir, dass Paulus Recht hat.
Es ist fast ein Glück, dass wir uns den Kopf darüber zerbrechen, was der "Pfahl im Fleisch" des Paulus historisch wohl gewesen ist.
Wir werden auf die eigene Geschichte zurückverwiesen.
In der Geschichte, die ich erlebe – im Leben unserer Missionsgesellschaft in sogenannter Partnerschaft mit (bis vor nicht allzu langer Zeit ebenfalls sogenannten) "jungen" Kirchen in Asien und Afrika – habe ich Probleme mit der Macht, die ich ausüben soll.
Zum Beispiel, wenn von uns erwartet wird, dass wir helfen.
Nun sollte ich Ihnen erzählen, wie ich anfing, einige Seiten dieses Machtproblems zu "begreifen".
Seit enigen Monaten hat sich der Ort verlagert, an dem ich theologisch Reflektiere.
Es ist nicht mehr mein Studierzimmer, sondern vorzugsweise ein Kellerraum oder eine Dachbude.
Und das Material ist nicht mehr Papier, sondern Ton.
So fing ich an, auf diesem Weg erste Schritte zu machen.

Ich versuchte einmal, in Ton zwei Gestalten zu formen.
Die eine sollte kniend flehen; die andere sollte, stehend,
die helfende sein.
Mir gelang sofort die flehende Figur;
aber die helfende Figur wollte nicht entstehen.
Mit anderen Worten: Es war mir ein Leichtes,
mich mit der schwachen zu identifizieren.
Es wurde mir aber irgendwie verwehrt,
mich mit der kraftvollen, helfenden zu identifizieren.
Ich zerstörte das ganze “Werk” und machte (wie, weiss ich immer noch nicht) in einigen Minuten zwei auf gleicher Ebene liegende Figuren.

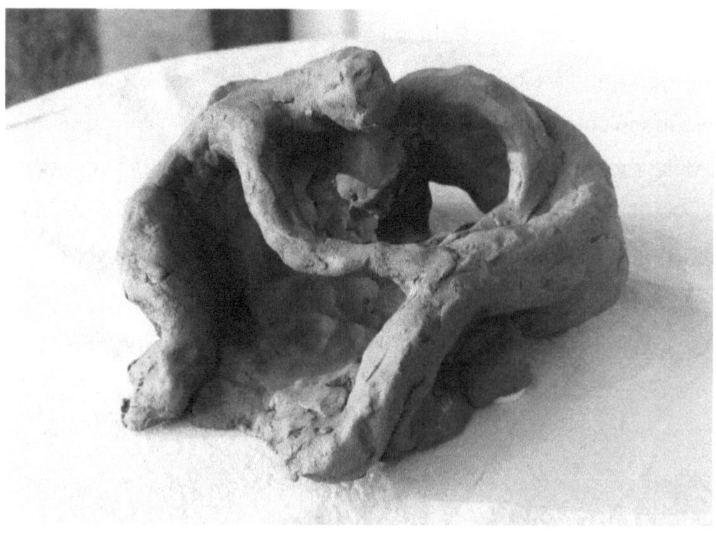

Ein Wunder, dass es ein Arzt ist, der diese kleine Terra Cotta Plastik kaufte?

Kann ich überhaupt von oben herab helfen ?

Muss ich nicht zuerst meine grundsätzliche Ohnmacht erleben,
meine tiefe Unfähigkeit zu helfen?
Ich erlebte die Wahrheit vom Paradox - für mich damals in den Worten des französischsprechenden Autoren geistlicher Literatur, Jean Debruynne: *“Ma force de vivre est dans l’expérience de ma faiblesse”* (in der Erfahrung meiner Schwacheit finde Kraft zum Leben;
in *Vivre* - Desclée, Paris).
Es ist wohl falsch, für jemanden stark sein zu wollen.
Ich kann nur mit ihm schwach sein... und werde entdecken,
dass wir zusammen stark sein können. Das ist Gnade.
Diese Erfahrung hätte mir genügen sollen. Und doch versuchte ich ein Jahr später, das gleiche Motiv in Ton zu fassen.
Ich glaubte nicht mehr an meine Schwachheit. “Jetzt bin ich stark ! “
So dachte ich: “Diese Gruppe, von der du träumtest,
die könntest du jetzt machen!”
Das Resultat war für mich wieder eine Lehre.
Aus der flehenden und der helfenden Figur entstand eine Gruppe von Ringenden.
Die stehende Gestalt hatte sich verwandelt in eine Unterdücker-Figur.
Und die Flehende war erst recht gebrochen an Lenden und Schultern.

Es war ein heilsamer Schock. Jetzt weiss ich, dass diese Entwicklung eine notwendige Folge der Ausgangssituation war. Die beiden Gestalten waren eben nicht gleich gross, nicht gleich stark oder gleich schwach. Die grössere und stärkere mit ihrem Machtvorsprung **musste** buchstäblich die andere unterdrücken.

Da stehe ich als Verantwortlicher einer grossen, dank der Grosszügigkeit ihrer Spender jedes Jahr wieder reichen Missionsgesellschaft vor einem Rätsel. Mehrmals habe ich versucht, das Problem, das mir dieser Text (und die Art, wie ich ihn nacherlebte) stellt, mit meinen Kollegen zu diskutieren. Regelmässig landen wir in einer Aporie.

In seinem Monatlichen Rundbrief über Evangelisation (Nr. 1, Januar 1984) deutet Raymond Fung (aus Hong Kong) die Situation der Christen in der Volksrepublik China wie folgt:

Sie machen die Erfahrung der “Macht der Machtlosen”.

Das ist die eine Seite des paulinischen Paradoxes. Die andere erleben wir europäische Christen und Missionare: es ist die Ohnmacht der Mächtigen. Gewiss können wir mit unseren Mitteln etwas "schaffen". Das aber, worauf es in der Mission und in jeder Form von Evangelisation ankommt, schaffen wir nicht: Befreiung. Im Gegenteil. Wir schaffen Abhängigkeit.

Die Kluft zwischen Reichen und Armen, zwischen Nord und Süd, ist breiter, tiefer geworden.

Wir möchten so gern *success stories* erzählen können - in Missionskreisen so beliebt. Und die haben wir nicht!

Deshalb möchte ich diese Betrachtung nicht mit einer einer allgemeingültigen "Wahrheit" abschliessen, sondern mit einer kurzen Erzählung.

Die Basler Mission hatte ein grossangelegtes landwirtschaftliches Projekt in Siddanabavi (Nord-Karnataka, Südindien) geschaffen. Zwölf Jahre lang hielt die Basler Mission – und dann das EMS in ihrem Namen - das Projekt über Wasser. Und zwölf Jahre lang hielt es eine schweizerische Agronomenfamilie dort unter schwierigen Umständen aus. Anfang 1984 kamen sie endgültig zurück - und seither bangen sie um das Projekt (das wohl tot ist), und noch mehr um ihre früheren Mitarbeiter, die vielleicht arbeitslos geworden sind. Sie blicken auf das Scheitern des Projektes zurück.

Nun wurden sie beim Abschied überrascht mit einem Geschenk. Ein Mann gab jedem Mitglied der Familie ein handgeschmiedetes Kreuz, und sagte:

"Ich bin ein Moslem, kenne darum die christliche Lehre nicht sehr gut. Aber von den Andachten und von Eurem Leben habe ich

soviel verstanden, dass Christsein etwas mit Kreuztragen zu tun hat, also nicht einfach ein schönes Leben verheisst. Darum möchten wir von Siddanabavi euch als Andenken an Siddanabavi dieses Kreuz mitgeben."
In die Erde dieses "gestorbenen Projektes" ist ein Körnlein gefallen. Wir werden nicht graben dürfen, um zu sehen, ob es schon keimt.
Fängt der Erfolg der Mission nicht mit dieser Art vom "Scheitern" an, viel eher als mit grossen Zahlen und – noch so dankbar zu erzählenden, aber wer weiss wie soziologisch zu erklärenden? - Massenbekehrungen?

Herr, wenn wir helfen wollen,
entdecken wir die Ohnmacht des Starken.
Hilf uns, Wege zu finden,
mit den Schwachen schwach zu sein,
damit wir mit ihnen das Wunder deiner Kraft
erleben können und
aus deiner Gnade zusammen stark werden.

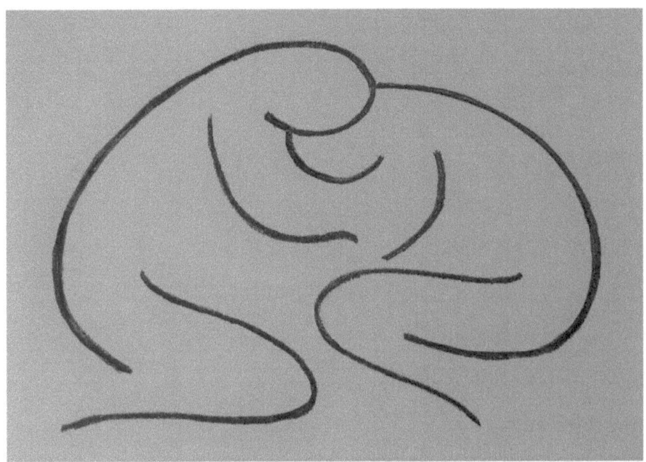

Von Angesicht zu Angesicht

Bildmeditationen

Geschrieben im Auftrag des Evangelischen Missionswerks in Südwestdeutschland (EMS)

für das EMS JAHRBUCH 5, 1988

Ich lieferte sechs Bildmeditationen, die Herausgeber publizierten davon vier. Ich benutzte die unveröffentlichten zwei als Anhang zum 1988 Weihnachtsbrief der Basler Mission. Da die Hausdruckerei für die Wiedergabe von Fotos nicht ausgerüstet war, illustrierte ich diese zwei Meditationen mit Linolschnitten.

Und ich lieferte diese Texte und Bilder mit einer “Anweisung”, die nicht veröffentlicht wurde:

VON ANGESICHT ZU ANGESICHT

Bildmeditationen

Ich möchte Dich,
liebe Leserin, lieber Leser,
zu einer Betrachtung einladen.
Da spielen die Worte nur eine Vermittlerrolle:
sie führen auf das Bild zu.
Lasse das Bild auf Dich wirken,
spüre aufmerksam,
was in Dir aufkommt an Gefühlen.
Öffne Dich dem Bilde:
vielleicht kannst Du in Dir selbst
Einiges von dem nachspüren,
worauf der Text hinweist.

Erst dann versuche,
Dich zu fragen,
ob die Beziehungen
zwischen zwei Menschen
VON ANGESICHT ZU ANGESICHT
– ihre Freuden und Probleme –
sich nicht auf die Partnerschaft
zwischen Gruppen
Gesellschaften
oder gar Völkern
übertragen lassen. *Basel, Anfang Juli 1988*

Maternité (Mutterschaft)

VON ANGESICHT ZU ANGESICHT

Ein Traum...?
Wirklichkeit wird er
wo der Allmächtige
sich klein macht wie
ein Kind auf dem Arm
einer Mutter
ganz angewiesen
auf einen Blick
der Liebe...

Wirklichkeit wird er da
wo ich anfange

zu spüren
wie geborgen ich
sein kann
in dem, der mich
annimmt
nicht nur wie ein Vater
der mich auf dem Weg
des Lebens begleitet
sondern
wie eine Mutter
die mich mit Zärtlichkeit
umgibt
und mich mit Liebe
in die Augen
anschaut
VON ANGESICHT ZU ANGESICHT

Maternité November 1988

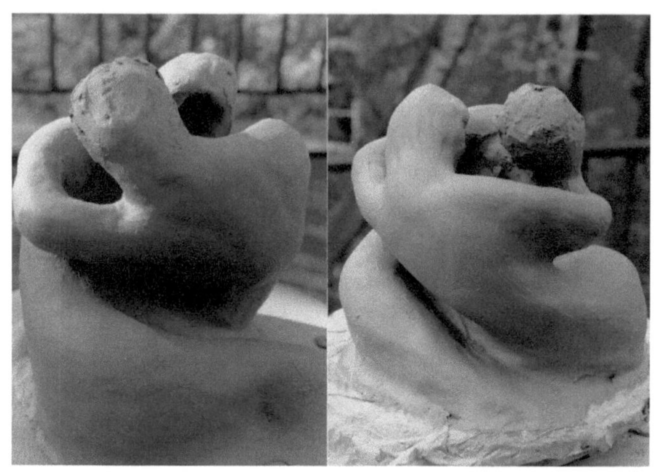

Deuil (Trauer)

VON ANGESICHT ZU ANGESICHT

Begnung oder Konfrontation...?
Vielleicht geht das Eine
in uns Menschen
zwischen uns Menschen
nicht ohne das Andere
Kräfte sind am Werk
Kräfte von der Tiefe
in die Höhe hinauf
die das Schwache aufrichten
aber auch Kräfte von oben herab
zur Unterdrückung des Schwachen
Daraus entsteht ein Wirbel
ein Ringen
Kampf und Krieg
Begegnung oder Konfrontation?

Diese Kräfte
die sich in mir selbst
den Krieg machen
muss ich wohl
ins Auge anschauen...
Wagnis...
um Schritte zu tun
auf dem Weg des Friedens
Wer kann dem Anderen im Frieden
Von Angesicht zu Angesicht
begegnen
wenn er
wenn sie mit sich selbst
nicht
im Frieden ist?
EMS JAHRBUCH 5 S. 27

Tournesol April 1986

Tournesol

So fängt Begegnung an
wo ich mir bewusst werde
dass ich von Gottes Licht
umgeben bin
So fängt Begegnung an
wo Gottes Licht
mich durchdringt
und in mir Kräfte wachruft
die mich aufrichten
So fängt Begegnung an
wo ich in einer Bewegung
aus meiner Mitte heraus

mich der Quelle des Lichtes zuwende

und ich das Licht

Gottes Kraft

bis in meine Mitte

fliessen lasse:

Begegnung

VON ANGESICHT ZU ANGESICHT

mit dem Un-sicht-baren

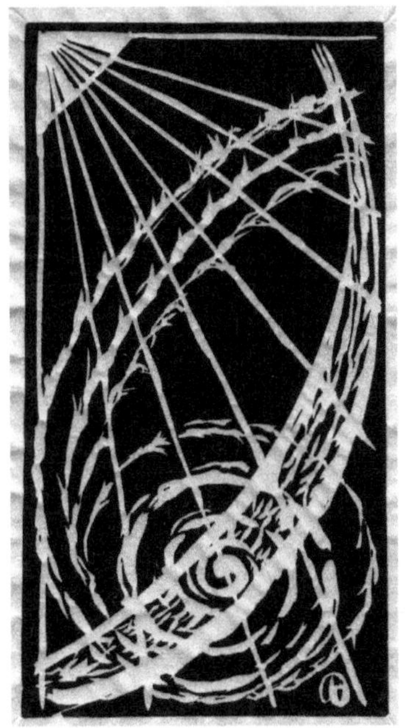

Tournesol November 1988

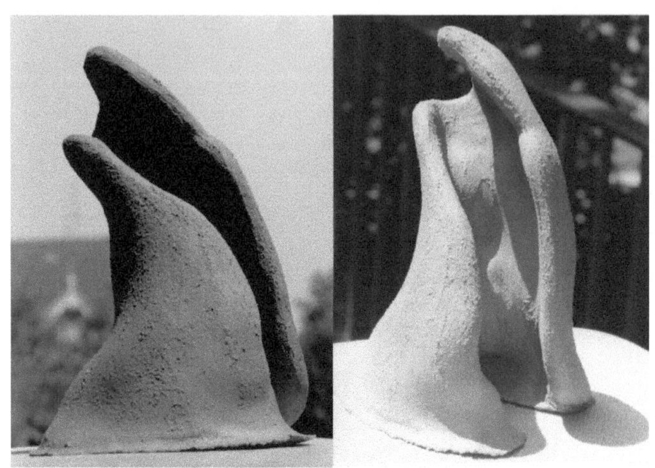

Inclination (Zuneigung)

VON ANGESICHT ZU ANGESICHT

Hingebungsvolles Auge in Auge
Zuneigung
schön, wenn ich mich schwach fühle
die Kraft der Liebe zu spüren
dessen
der sich mir zuwendet
zuneigt
Ich kann mich auch klein machen
oder klein bleiben
um weiterhin
solche Zuneigung zu erfahren
Was aber
wenn die Rollen
nie ausgetauscht werden
können

wenn eine(r) dazu verurteilt wird
der Fürsorge des Stärkeren
ausgeliefert zu sein?
Entartet die Zuneigung nicht
in erdrückende Schwere?
«Ich brauche Luft!»

EMS JAHRBUCH 5 S. 65

Flamme

VON ANGESICHT ZU ANGESICHT

Ein Traum
der da beginnt
Wirklichkeit zu werden
wo der Sohn des Höchsten
eine unberührbare Frau
aufrichtet
und ihr zeigt
dass er auf sie angewiesen ist

Partner sein
heisst nicht
«Was kann ich für Sie tun?»
sondern
«Gib mir ein Glas Wasser:
ich habe Durst»

Was
da ins Fliessen kommt...
Wunder!

EMS JAHRBUCH 5 S. 87

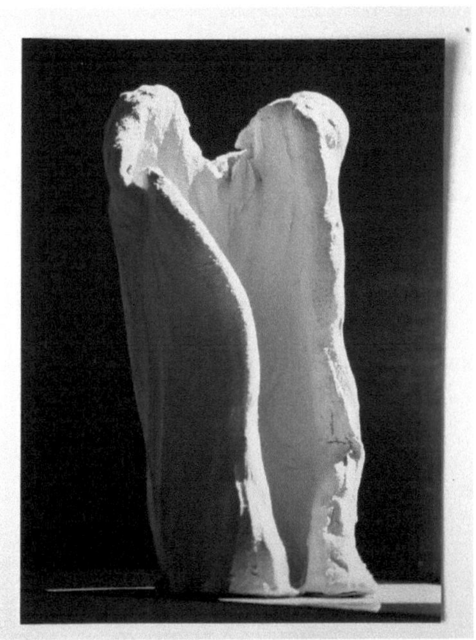

Désolation - Consolation

VON ANGESICHT ZU ANGESICHT

Machet euch auf
habet den Mut
verwundbar zu sein
steht aufrecht
ohne Angst
vor den Schattenseiten
die das Licht
das auf euch fällt
vielleicht nie
durchdringen wird
Nehmt dieses Licht auf

zusammen
und jede(r) für sich
es wird eure Gesichter
aufhellen
von innen heraus
eure Blicke
von jeder Angst
befreien
sie mit rücksichts-
voller Liebe
füllen
Nichts Besseres
könnt ihr tun
als füreinander
Spiegel
dieses Lichtes
zu sein

EMS JAHRBUCH 5 S. 7

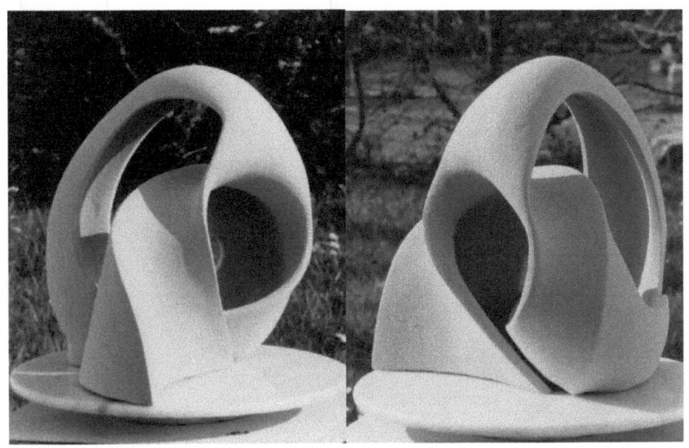

Schwingungen 1990

Schwingungen

23. März 1990

Welcher Wind
bewegt so wuchtige
Wellen?
Ich weiss es
eine Kraft
hat dich bezwungen

Hin war auf einmal
dein stolzer Rücken
mit seinem hohlen Kreuz
und den siegreich
hochgezogenen Schultern

Tief gebeugt liegst du da

auf den Knieen

und deine Stirn berührt Mutter Erde

Ist dir bewusst

dass du so lagst

im Mutterschoss?

Zwei Kreuze, für Pascale und Michèle

als Erinnerung an ihre Taufe, 27. Oktober 2002

Der Baum des Lebens

Für Pascale als Erinnerung an ihre Taufe

(Für den 27. Oktober 2002)

Ich habe Bäume gern.
Sie sagen mir etwas.
Es gibt starke Bäume mit einem dicken Stamm.
Bilder der Kraft.
Und es gibt schlanke Bäume.
Schön und elegant.
Einmal besuchte ich einen alten Birnbaum.
Sein Stamm war so dick,
dass es zwei Personen brauchte,
um ihn zu umarmen.
Niemand mehr sorgte für ihn,
und seine Äste und Zweige fielen sehr tief,
fast bis zur Erde.
Wir sassen unter dem Baum
wie in einem Zelt oder
wie unter dem Gewölbe einer Kirche.

In der Bibel wird viel von Bäumen geredet,
und oft als Bilder von Menschen.

Im Buch Daniel wird erzählt,
dass der König einen Traum hatte.
Er sah einen Baum in der Mitte der Erde.
Er hatte prächtiges Laub und trug viele Früchte.
Aber der Baum wurde gefällt.

Daniel hat die Gabe, Träume zu verstehen,
und er erklärt dem König den Traum:
"Der Baum bist du, mit all deiner Macht,
und auch du wirst gefällt,
wenn du Gottes Willen nicht tust." (Daniel 4)

Das Kreuz wird aus zwei Baumstämmen gebaut.
Jesus starb am Kreuz,
um uns Leben zu schenken.

Durch das Kreuz hindurch sehe ich das Leben,
das Gott mir in Jesus gibt.
Das Kreuz wird für mich
BAUM DES LEBENS.

Auch im letzten Buch der Bibel ist
von Bäumen die Rede.
Der Baum des Lebens ist das grosse Geschenk
Gottes an die Menschen...

"Der Engel zeigte mir den Fluss
mit Wasser des Lebens,
der wie Kristall funkelt.
An beiden Seiten des Flusses wuchs
der BAUM DES LEBENS.
Er bringt zwölfmal im Jahr Frucht.
Jeden Monat einmal.
Mit seinen Blättern werden die Völker geheilt.
(Offenbarung 22)

Gottes Rebberg

Für Michèle als Erinnerung an ihre Taufe

(Für den 27. Oktober 2002)

Gibt es nicht Rebberge in der Gegend,
nicht weit von Hettlingen?
In der Bibel ist viel von Rebbergen die Rede.
Die sind sehr wertvoll.
Sie bringen Trauben,
und Saft, und Wein.
Gottes Volk,
die Leute, die an Gott glauben,
werden oft mit einem Rebberg verglichen:
Gottes Rebberg,
von dem Gott gute Früchte erwartet.

Jesus selbst sagt zu seinen Freunden:
"In Gottes Rebberg
bin ich der gute Weinstock
und ihr seid die Reben.
Bleibt mit mir verbunden,
und ihr werdet gute Früchte bringen."

In dem Kreuz, das ich für dich gemacht habe,
findest du die Worte abgebildet.
Eine Rebe, ein Paar Blätter
und Trauben.
Die reife Frucht, die wir bringen können,
wenn wir mit Jesus verbunden bleiben.

Der Schlüssel

Gewisse Wünsche sind Herausforderungen.
Meine Enkelin Michèle hatte offensichtlich das Kreuz gern,
das ich ihr zu ihrer Taufe gab.
Nun... zu ihrer Konfirmation
wünschte sie sich kein teures Geschenk, sondern
einen verzierten Schlüssel,
den ich in Holz schnitzen sollte.
Ja aber... Holz lässt sich nicht wie Stahl bearbeiten !
Irische Mönche kamen mir zu Hilfe.
Ein mittelalterliches Kreuz (9. Jhdt),
das ich im Friedhof des Klosters in Clonmacnoise aufnahm,
gab mir die Idee zur Gestaltung.
Und ein hoher Gast aus Ghana,

der uns in der Basler Mission 1982 besuchte,
wies uns auf die Bedeutung vom Schlüssel hin:
Im Rat eines Häuptlings ist derjenige,
der den Schlüssel hat,
der Wichtigste nach dem Häuptling.
Für uns ist Jesus Christus nicht nur die Tür,
sondern auch Schlüssel zum Leben.
Wir wissen, wie schnell ein Schlüssel
aus der Hand gelegt werden kann.
Mit **diesem** *Schlüssel darf das nicht geschehen.*
Was kann ich hinzufügen???

Printed by Books on Demand GmbH, Norderstedt / Germany